CORRESPONDANCE

SECRETE

DES

DÉPUTÉS DE SAINT-DOMINGUE

AVEC

LES COMITÉS DE CETTE ISLE.

PARIS,

L'AN DE LA LIBERTÉ Ier.

AVIS DE L'ÉDITEUR

Sur cette Correspondance.

Je publie cette correspondance par attachement pour mon pays, par respect pour l'assemblée nationale, et pour la cause de l'humanité. En lisant ces lettres, et surtout la plus frappante, celle du 11 janvier, les représentans françois apprécieront à sa juste valeur le patriotisme et l'amour de la liberté des colons ; les commerçans françois verront qu'ils ont été joués ; les amis des noirs connoîtront les manœuvres employées pour les calomnier, pour tromper l'assemblée nationale, et la déshonorer dans la plus belle cause qui ait été soumise à sa décision. On peut compter sur l'authenticité de cette correspondance. On demandera peut-être comment elle

A 2

est tombée dans mes mains . . . . Je ne répondrai que par cet adage. *Serius ocius scelestum sua pœna manet.* La publicité est une peine pour les délits passés, elle est un fanal nécessaire pour les délits à venir. Il importoit de déposer ce fanal pour diriger la conduite que l'assemblée nationale doit tenir à l'égard des colons et des colonies.

CORRESPONDANCE SECRETE
DES DÉPUTÉS DE SAINT-DOMINGUE
AVEC LES COMITÉS DE CETTE ISLE.

N° PREMIER.

N. B. Cette première lettre a déja paru dans quelques papiers publics; nous la copions ici pour compléter cette correspondance.

Copie de la lettre écrite par Messieurs les députés de Saint-Domingue, à leurs constituans au Cap.

Versailles, le 12 août 1789.

MESSIEURS ET CHERS COMPATRIOTES,

Nous nous empressons de vous faire passer une copie de l'avis alarmant que M. le comte de Magallon, l'un de nos collégues, nous a donné. Notre perplexité est affreuse, à la vue du péril imminent dont notre malheureuse colonie est menacée; *nous n'avons apperçu de ressource que dans la prompte convocation d'une assemblée provinciale dans chaque département; nous en avons* fait la demande au ministre. Nous pouvions nous dispenser de lui faire cette demande, puisqu'il est jugé aujourd'hui par l'assemblée nationale elle-même, que toute société a droit de s'assembler pour conférer librement des affaires communes, et qu'elle n'a pas besoin du concours de l'autorité pour cela. *Les députés de Saint-Domingue n'ont pas été élus dans des assemblées autrement convoquées, et ces députés ont été admis par l'assemblée nationale.* Nous ne nous sommes donc adressés au gouvernement que pour mettre autant que possible la forme de notre côté : le ministre nous a refusés. *Nota. Depuis notre lettre écrite, le ministre nous a fait offrir de se concerter avec nous pour l'assemblée ou les assemblées que nous lui demandons ; il a également rejetté d'autres demandes que nous lui avons faites, et que nous joignons ici avec sa réponse.*

La colonie, Messieurs, est dans un double danger également pressant. Danger au dehors ; *que veulent ces vaisseaux, que les papiers publics nous apprennent être sortis de l'Angleterre?* danger au dedans ; on cherche à soulever nos nègres. Nous voyons et nous mesurons avec effroi l'un et l'autre de ces dangers ; mais principalement le dernier est vraiment d'une nature à nous causer les plus horribles inquiétudes ; nous le voyons , et nous sommes forcés de nous taire : *on est ivre de liberté.* Messieurs, une société d'enthousiastes, qui ont pris le titre *d'amis des noirs* , écrit ouvertement contre nous ; elle épie le moment favorable de faire explosion contre l'esclavage : il suffiroit peut-être que nous eussions le malheur de prononcer le mot, pour qu'on saisît l'occasion de demander l'affranchissement de nos nègres. La crainte que nous en avons nous réduit malgré nous au silence : le moment ne seroit pas favorable pour engager l'assemblée nationale à entrer dans nos mesures pour nous garantir du danger qui nous menace. C'est à vous, Messieurs, à voir le parti qui convient dans une circonstance aussi critique : nous remplissons le seul devoir dont il nous soit permis de nous acquitter ; nous vous avertissons , le péril est grand , il est prochain. Veillons à notre sûreté ; mais veillons-y avec prudence. C'est ici qu'on a besoin de toute sa tête : *ne réveillons pas l'ennemi* , mais ne nous laissons pas surprendre. Veillez , encore une fois , veillez ;

A 4

car l'assemblée nationale est trop occupée de l'intérieur du royaume pour pouvoir songer à nous. Nous avertissons de tout côté les Américains de voler à la défense de leur patrie : sans doute la plupart vont s'embarquer ; il y aura sûrement quelques-uns de nous qui les suivront, en attendant que tous puissent se réunir. Prenez les mesures que votre sagesse vous dictera ; observez bien les personnes et les choses ; *qu'on arrête les gens suspects, qu'on saisisse les écrits où le mot même de* liberté *est prononcé;* redoublez la garde sur vos habitations, dans les villes, dans les bourgs ; *par-tout attachons les gens de couleur libres, méfiez-vous de ceux qui vont vous arriver d'Europe.* C'est un de vos plus grands malheurs qu'on n'ait pas pu, dans une circonstance aussi critique, empêcher l'embarquement des gens de couleur qui étoient en France ; nous l'avons demandé au ministre, *l'esprit du jour s'oppose sur ce point à nos desirs :* empêcher, sur notre demande même, l'embarquement des esclaves, seroit regardé comme un acte de violence qu'on dénonceroit à la nation.

Courage, chers compatriotes ! ne vous laissez point abattre ; nous continuerons de faire sentinelle pour vous : c'est tout ce que nous pouvons dans le moment présent ; le temps viendra sûrement où nous pourrons faire mieux. *Il faut laisser refroidir les esprits ; cette crise ne durera pas : comptez sur nous.*

Nous avons l'honneur d'être, avec les sentimens inaltérables de la confraternité la plus intime, mes chers compatriotes, vos très-humbles, obéissans serviteurs, les députés de Saint-Domingue. *Signés* à l'original, Raynaud, président ; Magallon, l'archevêque Thibault, le marquis de Périgny, de Thébaudière, Dougé, le Gardeur, de Tilly, le chevalier de Marmé, Gerard, Bodekin fils, Gerald Courvejodle, le marquis de Gouy-d'Arcy.

P. S. Il est possible, et même probable, que les bruits alarmans qui se sont répandus, et qui font la matière de cette lettre, ne soient pas fondés ; et, dans ce cas, il seroit fâcheux que cela fît une sensation trop forte dans la colonie, qui, indépendamment des craintes qu'elle inspireroit, pourroit peut-être donner lieu à des dangers plus réels. C'est à vous, Messieurs, à agir avec la circonspection et la prudence que votre sagesse vous suggérera : mais nous pensons qu'une sécurité dangereuse ne doit pas non plus vous empêcher d'avoir les yeux ouverts sur l'effet que pourra produire dans les colonies la fermentation qui règne dans le royaume, et que vous ne devez négliger aucunes précautions, aucuns soins, pour maintenir l'ordre, la paix et la subordination dans votre sein ; et il nous semble que le meilleur moyen à employer pour assurer dans tous les temps le repos et l'existence dans la colonie, *c'est d'affectionner à votre cause la classe des gens de couleur.* Ils ne demandent sûrement pas mieux que de confondre leurs intérêts avec les vôtres, et de s'employer avec zèle pour la sûreté commune. Il n'est donc question, de votre part, que d'être justes envers eux, et de les traiter toujours de mieux en mieux. *Nous regardons cette espèce comme le vrai boulevard de la sûreté de la colonie.* Vous pouvez les assurer que vos députés, qui sont aussi les leurs, s'emploieront avec zèle auprès de l'assemblée nationale pour l'amélioration de leur sort, et pour leur procurer la juste considération qui est due à tout citoyen qui se comporte

honnêtement. Certifié conforme à l'original,
signé, Millet.

N. B. Ce *post-scriptum* est de M. Gerard.

N° I I.

Lettre aux chambres du commerce.

Du 18 septembre.

M E S S I E U R S ,

Comme la sûreté de Saint-Domingue exige
que l'on prenne en ce moment toutes les
précautions possibles pour s'opposer au désordre dont cette isle est menacée, nous
vous prions instamment d'employer tous les
moyens qui sont en votre pouvoir pour
empêcher tous nègres et tous mulâtres de
s'embarquer pour la colonie. Vos intérêts,
qui sont inséparables des nôtres, vous feront,
sans doute, approuver toutes les mesures
qui seront commandées par les circonstances, et nécessaires à cet effet.

Nº III.

Motion relative à la demande des gens à couleur.

Du 20 septembre.

Les gens de couleur, réunis à Paris chez le sieur Joly, avocat, ont présenté une requête au président de l'assemblée nationale, pour demander à être entendus sur leurs réclamations du droit de citoyen, conformément à l'article 59 du code noir.

Dans cette circonstance, je pense, Messieurs, qu'il conviendroit de prévenir vis-à-vis de l'assemblée nationale la demande des gens de couleur, parce qu'ils l'obtiendront sans difficulté, et qu'il convient mieux que les gens de couleur doivent cette justice à la colonie qu'à l'assemblée nationale. En conséquence, mon avis seroit donc de prévenir l'assemblée nationale que, nous occupant de l'adoucissement du sort des nègres, nous avons représenté à nos commettans la justice de faire jouir les gens de couleur du droit de citoyen, et qu'en consé-

quence nous demanderons à l'assemblée nationale de remettre aux assemblées coloniales
à régler le mode et les qualités nécessaires
aux gens de couleur pour pouvoir jouir
du droit de citoyen.

Délibéré que cette classe d'hommes libres
ne demande que la confirmation du droit
et privilèges qui ont été accordés par l'or-
donnance de 1685. Il étoit peut-être nécessaire d'accueillir favorablement leur demande, supposé qu'ils s'adressassent à l'assemblée nationale pour y soutenir leur droit
et privilèges.

Après la discussion de cet objet important, il a été arrêté, à la majorité des voix,
qu'il seroit répondu à l'assemblée nationale
que les vœux des mulâtres et gens de couleur ont déja été prévenus par Messieurs les
députés, qui ont écrit depuis quelque temps
à leurs commettans, dans la colonie, en
faveur de cette classe, qui doit être pré-
cieuse aux yeux de tous les habitans, et
qu'il n'est pas douteux que les représentations faites, à ce sujet, par la députation,
n'aient un heureux effet.

N°. IV.

Réflexions sur la réclamation des gens de couleur.

24 septembre.

Des individus isolés réclament au nom de tous les mulâtres de la colonie de Saint-Domingue ; ils doivent ensemble justifier de leur mission, et réunir au moins la majorité des voix de ceux qu'ils s'associent dans leur requête soumise au tribunal de l'assemblée nationale. 1er article digne de la considération des juges qu'ils viennent de choisir. 2° Que réclament-ils ? Un droit acquis à tout homme libre, celui de citoyen. Eh ! qui le leur dispute, qui le leur a jamais disputé, lorsque la loi leur en assure l'exercice ? Je m'explique ; et pour se faire entendre à 1800 lieues des localités, pour parler le langage de la vérité, d'après les établissemens coloniaux, il faut établir des faits, il faut établir ce qui est. Tout mulâtre, tout homme né d'un sang mélangé, au premier degré, n'est pas toujours en possession de la plénitude des droits de citoyen. Fruits certains

d'*un commerce illicite*, *quoique très-utile
dans les colonies*, frappée conséquemment
par l'anathème de la bâtardise, cette classe
d'hommes ne peut échapper aux irrégulari-
tés de leur naissance et à la défaveur qui
en rejaillit ; et *comme à ce premier vice
il se joint celui de l'origine africaine*, il
résulte nécessairement, pour de tels individus, des nuances dans le rang qu'ils ont
à tenir dans la société. *A l'abri et sous la
protection des loix*, *tous les hommes*, *sur
la terre*, *n'ont pas*, *pour cela*, *un égal
droit aux avantages de la société.* L'homme
le plus éloquent qui s'efforceroit de prouver la proposition contraire, seroit démenti
par le fait, et il me semble que l'on seroit
bien dispensé de répondre à ses raisonne-
mens. Les vérités éternelles en matière po-
litique, comme en morale, se sentent et se
soutiennent, dans leur irrégularité, contre
le pouvoir magique des paroles les plus sé-
duisantes. Lorsqu'il est constant, chez tous
les peuples civilisés de l'Europe, que l'esclavage entre dans la constitution des isles
possédées par eux en Amérique, lorsqu'il
est très-probable que sans ce régime aucune colonie n'existeroit, lorsqu'enfin il est

prouvé que les noirs, transplantés de leur barbare patrie chez des maîtres humains, jouissent d'un sort heureux ; pourquoi, législateurs modernes, renverserions-nous ce système de bonheur, sous prétexte qu'il n'est conforme ni à la raison, ni à la nature, ni à l'équité? Pourquoi la France, dans un instant de crise, s'empresseroit-elle de donner cet exemple à des nations rivales, nullement disposées à l'imiter? N'est-il pas plus sage, concurremment avec l'Angleterre, de diriger nos travaux pour la réforme des abus, la perfection des lois protectrices de nos esclaves? Elles existent pour eux, comme pour nous. Nos devoirs réciproques y sont tracés ; l'humanité, l'intérêt en commandent la religieuse observation. Qu'elles deviennent meilleures, *s'il se peut;* les colons de Saint-Domingue sont les premiers à le désirer, et ne seront pas les derniers à concourir à cette amélioration. Toujours sera-t-il certain que des esclaves ne peuvent être considérés comme des hommes libres; toujours *est-il vrai que des serviteurs ne sont pas sur la même ligne que des maîtres;* et n'existât - il entr'eux que la différence des richesses, la supériorité de ceux ci est démontrée. Si nous y joignons celle de l'éducation et des talens , nous établirons bientôt toutes les gradations d'une société quelconque, régie par quelque forme de gouvernement qu'on veuille admettre. Or, chez tous les peuples de l'antiquité, et principalement chez les Romains , nos instituteurs , de l'esclave au citoyen il existoit des nuances bien marquées par la loi. L'affranchi, le fils d'affranchi , l'homme libre , formoient des classes distinctes et intermédiaires entre l'homme qui jouissoit et qui ne jouissoit pas des honneurs de la société. Notre code noir qui gouverne nos colonies, ouvrage d'une profonde et sage méditation, puise presque toutes ses maximes du droit romain.

L'article de ce code que réclament les mulâtres, auxquels on répond, leur assure un droit que personne ne conteste, et dont il n'est pas au pouvoir des colons de les priver. Mais quelle classe de mulâtres élève , au milieu de l'assemblée nationale, des cris mal articulés, et propres à prévenir ou à effaroucher les esprits? Qui sont ces individus? Sont-ce des hommes nés et retenus dans le sein de l'esclavage ? Non, cela ne

B

peut être, il en existe trop peu; il est possible
même, dans la disposition des cœurs, que
l'on n'en voie plus par la suite.

Sont-ce des mulâtres affranchis de la ser-
vitude, dont leurs mères sont encore enta-
chées? Le nombre en est plus grand : mais
que demandent-ils? Malgré ces deux titres
de bâtard et d'affranchi, ne sont-ils pas
infiniment mieux traités par la loi et les
usages du pays, que les simples bâtards ne
le sont généralement dans notre Europe?

Reste donc la classe des gens de couleur
libres en naissant et légitimement procréés:
ceux-ci, véritablement citoyens par la loi,
en peuvent réclamer tous les droits; ils en
jouissent ordinairement ; et si la loi, qui ne
peut avoir de prise sur l'opinion et les pré-
jugés, s'efforce en vain d'anéantir dans les
esprits le vice radical de leur origine, elle
leur accorde d'ailleurs toutes les jouissances,
elle leur offre toutes les ressources capables
de les élever. De quoi donc se plaignent-ils?
Du régime militaire et despotique peut-être,
de l'abus du pouvoir des chefs? ils ont cela
de commun avec tous les habitans indistinc-
tement.

De nos assemblées coloniales demandées

et obtenues résultera sans doute un meilleur ordre de choses et pour les uns et pour les autres : quelques-uns de ces mulâtres, propriétaires de fonds, puissans par la fortune, mériteront des égards ; et si des talens et une bonne conduite viennent à les distinguer, marchant sur la ligne des vrais citoyens, rien ne devroit manquer à la considération qu'ils sollicitent : *mais j'observe que, toujours placés entre deux points, ils seront toujours en butte à l'envie et au dédain. Quoi que fasse, quoi que dise la loi, elle les préservera difficilement de la censure publique.* Eux-mêmes ne donnent-ils pas lieu quelquefois au reproche d'insolence dont se rendent coupables la plupart des parvenus dans tous les pays ? Je ne prétends pourtant pas interdire à ces hommes rares et précieux la place que je crois au contraire très-important de leur assigner parmi les propriétaires colons ; mais enfin je me résume.

Quels que soient les gens de sang mêlé qui se sont fait entendre au tribunal de la nation, ils ne peuvent se soustraire aux réglemens, aux usages du pays qu'ils habitent. C'est là que leurs plaintes doivent être portées ; c'est sur les lieux que leur race doit être jugée en première instance. Jusqu'à cette heure, les propriétaires blancs, auxquels ils tiennent tous par les liens du sang et le rapprochement des traits, n'ont pu efficacement réclamer en leur faveur une justice dont les ministres, à 1800 lieues les uns des autres, ou n'ont pas entendu, ou ont mal interprété la voix. Aujourd'hui que les assemblées coloniales admettent dans leur sein tout homme qui aura le droit de s'y faire entendre, les mulâtres requérants reconnoîtront le tort qu'ils ont eu de fatiguer l'assemblée nationale de leurs murmures, et de lui dérober des momens précieux consacrés au grand ouvrage de la régénération de la France.

<hr>

No V.

Extrait des lettres du Cap.

Des 20 et 30 novembre.

Les nouvelles qui nous sont venues de Paris, adressées à divers particuliers du Cap, disent que la députation est tombée dans le mépris, et par sa conduite d'une part, et par sa scission entr'elle et les habitans résidans à Paris :

Que M. de Thebaudières sacrifie tout à son intérêt personnel, et que la perspective de l'intendance de Saint-Domingue lui fait oublier les intérêts dont il est chargé :

Que M. de Regnaud, député en la place de M. l'archevêque Thibaud, veut être lieutenant-général, et vise à revenir général à Saint-Domingue; que, malgré lui, ses sentimens se manifestent :

Que M. de Cocherel veut la croix de S. Louis, à laquelle grace il sacrifie ses obligations et ses sermens :

Que M. le marquis de Gouy est hué lorsqu'il porte la parole, et que tout le monde lui tourne le dos :

Que M. de Perigny est une mâchoire à détruire mille Philistins :

Que M. Gerard a de bonnes vues et sages; mais sourd comme un pot :

Que les caractères de MM. de Gouy, de Regnaud et de Cocherel, sont peu concilians, s'opposant à tout le bien qu'on voudroit opérer :

Que M. de Rouvray seul n'abandonne pas

les intérêts de la colonie, qu'il défend avec chaleur :

Que l'assemblée coloniale, composée à Paris de plus de 250 personnes, a eu une audience, par un nombre de députés, chez M. le chancelier, où se sont trouvés plusieurs membres du conseil, les ministres et M. l'archevêque de Vienne ; et que là il a été question des intérêts de la colonie, et du mécontentement qu'on a des députés.

On suppose que vous n'avez rien fait pour la colonie, que vous n'êtes occupés que de votre intérêt et de votre avancement particulier : voilà les belles choses qu'on mande ici, et qui sont lues dans une assemblée de 96 députés, et où il y a toujours beaucoup de spectateurs.

Le 18 janvier 1790.

Les députés ont écrit au ministre de la marine, pour le prévenir qu'ils étoient instruits qu'on le pressoit de faire passer des troupes à Saint-Domingue.

Ils ont écrit dans la colonie pour qu'on s'oppose à la descente de tout navire porteur de troupes.

Le 22 janvier.

Le ministre a répondu qu'on n'en verroit que le nombre nécessaire de recrues pour compléter les régimens qui sont dans les colonies.

Le 4 février.

Les députés ont écrit de nouveau pour que ces recrues ne soient point envoyées dans ce moment.

N° V I.

Extrait d'une lettre aux trois comités.

Du 5 décembre.

Les nègres, mulâtres libres, et gens de couleur, qui sont à Paris, se sont réunis, à l'exemple des propriétaires blancs, et ont la prétention, non-seulement de jouir de tous les droits de ces derniers, mais encore ils osent demander que tout mulâtre né d'un esclave soit déclaré libre. Ce seroit le moyen de mettre le désordre parmi les atteliers ; car les négresses ne voudroient plus

B 4

cohabiter qu'avec les blancs. *Ceci est la suite de l'exemple bien impolitique que les colons de Paris leur ont donné, en se réunissant en corps.* D'après les principes de l'assemblée nationale, les gens de couleur libres obtiendront au moins, quant à leurs propriétés, tous les droits de citoyen, et par conséquent leur admission dans les assemblées paroissiales et coloniales. Nous pensons donc qu'il vaudroit mieux qu'ils tinssent de votre justice et bienveillance ce que vous croirez pouvoir leur accorder, *sans nuire au respect dû à la couleur blanche,* et qui doit être maintenue dans un pays où il y a 20 esclaves contre un blanc. Vous sentirez, aussi-bien que nous, tout l'avantage qui résultera dans ces circonstances critiques, de nous attacher de plus en plus tous les gens de couleur : *ce seront nos meilleurs défenseurs contre les esclaves.* Nous croyons qu'il est juste d'autoriser tous ceux qui sont majeurs et propriétaires, d'assister aux assemblées de paroisses, où ils auroient *une place à part,* et un orateur *blanc* pour exprimer leurs vœux, et qu'ils nommeroient par jurisdiction un représentant à l'assemblée provinciale et coloniale, qui y siége-

roient dans un banc à part avec un orateur
blanc, comme dans les assemblées de paroisse.

***

N° V I I.

*Extrait d'une lettre du 8 décembre 1789
aux trois comités.*

La députation de Saint-Domingue, malheureusement croisée dans ses vues et ses
démarches par les colons résidans à Paris,
alarmée par les nombreux partisans que
quelques gens de couleur qui sollicitent leur
admission ont su se procurer à l'assemblée
nationale, vient d'éprouver une contradic-
tion bien plus étonnante et bien plus malheureuse, dont elle se croit obligée de vous
rendre un compte particulier.

Dans la séance du soir du 3 du courant,
on discutoit si on accorderoit ou si on rejet-
teroit la demande que nous avions formée
de l'établissement d'un comité des colonies,
où nous espérions qu'on examineroit plus
froidement les questions qui pourroient nous
intéresser, parce que ses antagonistes n'y
seroient vraisemblablement pas admis.

M. Gérard est monté à la tribune, s'est

opposé formellement à l'établissement de ce comité, et il a soutenu que la constitution de la France devoit être appliquée en tout aux colonies, comme provinces du royaume; enfin il a demandé que les loix constitutionnelles et tous les décrets de l'assemblée y fussent envoyés incessamment, etc.

Admettez aux assemblées primaires qui nommeront les électeurs des représentans, tous ceux qui auront une propriété quelconque. Pour être électeur, exigez une propriété foncière quelconque. Pour être représentant à l'assemblée coloniale de l'isle ou du département, exigez une propriété plus considérable. Que tout propriétaire, fût-il nègre libre, soit admis aux assemblées primaires. Qu'un fils de carteron et légitime puisse être électeur. Que nul ne soit représentant que les blancs. Nous osons vous conseiller un pas de plus : il y a un moment où la nature fait grace aux gens de couleur du signe visible de leur origine ; imitez la nature, soyez bienfaisans comme elle ; adoptez l'époque qu'elle a marquée pour effacer toute distinction légale ou de préjugé. Que les enfans du carteron (ou au moins les petits-enfans), nés en légitime ma-

riage , soient censés blancs , dans toute l'é-
tendue de l'acception du mot; qu'ils soient
éligibles pour l'assemblée coloniale , aptes
à toutes les charges : on les y nommera ,
on ne les y nommera pas. Ne seroit-il pas
encore infiniment utile d'enflammer le zèle
des hommes de couleur et nègres libres par
une grande récompense, et de donner toutes
les prérogatives des blancs à ceux qui auroient rendu un grand service , découvert
une conspiration d'esclaves? Le moment
n'est peut-être malheureusement que trop
près , où cela seroit plus utile que jamais.
Ne seroit-il pas avantageux de distinguer le
libre et l'esclave par une marque apparente?

Il est des points essentiels sur lesquels les
gens de couleur ont droit à votre justice;
leur service de milice est dur et ruineux.
Ce service est nécessaire à un certain point:
il n'y a même qu'eux qui soient propres aux
chasses de nègres , bandits et malfaiteurs.
Mais vous pourvoirez sûrement à leur in-
demnité , et leur service s'en fera mieux ;
on gagne toujours à être juste.

N° VIII.

Paris, le 11 janvier 1790.

MESSIEURS ET CHERS COMPATRIOTES,

Une révolution s'est faite au Cap, s'il faut en croire les relations qui nous viennent ; une assemblée provinciale s'est formée, et s'est emparée de l'administration intérieure. Sans doute cet exemple a été suivi dans les autres parties de la colonie. Nous aurions bien desiré que les détails de ces transactions importantes nous eussent été transmis directement, et les dernières lettres que nous avons du comité du sud, sont fort anciennes ; celles du comité de l'ouest sont du 11 octobre ; et celles du comité du Cap, du 15 du même mois, ne nous parlent absolument que de l'inculpation faite à M. Moreau de Saint-Méry. Sur les premiers bruits de ce qui s'est passé, nous nous étions hâtés de consigner la justification qu'il nous a sur le champ présentée, dans notre procès-verbal du 21 décembre, et de la rendre publique par la voie de l'impression ; puisse-t-elle faire à Saint-Domingue l'effet qu'elle a fait sur nous, qui sommes tous les jours témoins du zèle patriotique de ce digne colon !

Nous devons vous rendre compte de notre position , et soumettre notre conduite et nos idées à la colonie , vraisemblablement assemblée.

Nous sommes arrivés ici avec des cahiers de doléances, qui contenoient un projet de formation d'assemblées coloniales. Tout cela nous étoit donné à titre d'instruction ; et nos constituants, étendant nos pouvoirs jusqu'à l'entière liberté et à la confiance la plus absolue , nous avoient autorisés à modifier , changer, réformer, ajouter, enfin à demander tout ce que nous croirions convenable à la colonie.

Nous avons été à l'assemblée nationale , au nombre de six seulement, à raison de la population de la colonie. Nous avons suppléé , autant qu'il étoit en nous , à cette réduction, en arrêtant que les députés votans se concerteroient sur tous les objets avec leurs collègues.

Mais bientôt l'assemblée nationale a pris une forme nouvelle : au lieu de ces états-généraux, où les diverses provinces venoient humblement mettre aux pieds du roi leurs griefs et leurs pétitions, *l'assemblée est de-venue législatrice , et a entrepris la grande tâche de créer une constitution toute nouvelle, après avoir renversé totalement l'ancienne.*

Nous avons senti, d'abord, que ce nou-vel ordre de choses, *non prévu par nos cons-tituants,* et dans lequel le sort des colonies tomboit entre les mains d'une foule de dé-putés des provinces intérieures *qui ne les connoissent nullement*, et des députés des villes de commerce *qui ont quelques inté-rêts opposés*, devoit nous inspirer la plus grande circonspection.

Cette circonspection a augmenté lorsque nous avons vu proscrire tous les cahiers impératifs, et les représentans leur qualité de mandataires *pour s'ériger en législateurs absolus.*

Enfin *elle est devenue une espèce de ter-reur, lorsque nous avons vu la déclaration des droits de l'homme poser, pour base de la constitution, l'égalité absolue, l'identité de droits, et la liberté de tous les individus.*

A proportion que nous avons connu l'es-prit de l'assemblée, nous nous sommes ai-sément convaincus que l'importance des co-lonies étoit méconnue ; *qu'un parti nom-*

*breux existoit pour risquer, s'il le falloit,
leur conservation, en faveur des principes
philosophiques d'une secte trop répandue;
que l'affranchissement des esclaves étoit
désirée par la pluralité comme un acte que
l'humanité et la religion prescrivoient et qui
couvriroit de gloire les réformateurs.*

C'est du temps, *qui dissipe les erreurs,*
que nous avons attendu des circonstances
moins périlleuses; et excepté l'objet de l'ap-
provisionnement des colonies, qui nous a
paru d'une nécessité urgente, nous avons
pris le parti, non-seulement de ne présenter
aucune demande relative aux colonies, mais
de mettre tous nos soins à éluder toutes celles
qui pourroient être présentées; et tel étoit
notamment l'objet du comité des colonies,
que nous avions demandé en dernier lieu.

D'ailleurs le ministre nous promettoit une
assemblée coloniale : notre lettre du 8 décembre dernier vous a instruits de ce qui
s'est passé à cet égard pour vous procurer
promptement des assemblées quelconques.
Nous pensions qu'une fois réunis, les colons
réformeroient aisément ce qui leur paroî-
troit vicieux ou suspect; nous pensions aussi
qu'instruits de l'état actuel de l'assemblée

nationale et des instructions que nous y avions portées, la colonie les réformeroit, et nous en enverroit d'autres plus relatives aux circonstances, et plus réfléchies comme plus précises.

Il falloit cependant rectifier les idées dominantes sur l'importance des colonies, sur l'état des nègres, *sur la nécessité de maintenir l'esclavage et la traite, sur le degré de confiance qu'on pouvoit accorder aux amis des noirs.*

C'est à quoi nous nous sommes attachés. Nous avons *recherché les députés prépondérans, et dans les bureaux, et dans les comités, et dans les sociétés particulières, et dans l'assemblée même;* nous avons mis la vérité sous les yeux, et nous en avons ramené un grand nombre.

Nous avons répandu à profusion quelques écrits propres à rectifier les idées, nous les avons fait circuler dans les villes de commerce, et nous avons excité leurs réclamations.

Leurs députés à l'assemblée nationale, *toujours nos adversaires sur leur intérêt personnel, le régime exclusif de commerce,* ont senti que cet intérêt les forçoit de se réunir

réunir à nous sur tous les autres points , *et leur influence nous a servis heureusement.*

Enfin les nouvelles de la révolution de la Martinique , et les insurrections des nègres , ensuite la révolution du Cap , sont venues nous aider , et nous pouvons vous annoncer une position plus heureuse.

Notre réclamation sur les subsistances , à la vérité, ne paroît pas reçue favorablement, après les lenteurs éternelles de la discussion devant le comité d'agriculture et de commerce ; elle a été indiquée à jour fixe pour être jugée par l'assemblée. Elle est renvoyée de jour en jour. Des affaires beaucoup moins importantes lui sont tous les jours préférées ; *et s'il falloit juger par là du prix qu'on attache aux colonies , notre position seroit très-alarmante.* Mais d'abord il faut considérer que ce point touche à l'intérêt du commerce dont l'influence est grande ; ensuite la plupart des nouvelles annoncent que la farine est à un prix modéré dans la colonie ; enfin lorsqu'on sait que l'autorité y est dans les mains des colons , on ne doute pas qu'ils ne se procurent aisément les moyens de subsister , si la France ne les fournit pas.

Nous-mêmes , Messieurs , nous ne vous

dissimulons pas que depuis long-temps nous avons proposé d'abandonner cette demande qui nous divise avec le commerce, avec lequel il est si intéressant pour nous de faire cause commune sur les objets majeurs, et que nous y sommes plus portés que jamais.

Quoique notre demande ne soit que provisoire, nous entrevoyons que l'assemblée nationale juge qu'elle touche à un point essentiel de la constitution des colonies, savoir la balance à observer entre l'intérêt de la culture et celui du commerce de la métropole, et qu'elle craint de préjuger contre l'un ou l'autre.

Cette circonspection sur ce point même annonce un esprit bien différent de l'ancien.

Ce nouvel esprit, nous l'avons déja dit dans notre lettre du 8 décembre dernier, et vous avez dû le voir par les papiers publics, s'est manifesté à la séance du 5 décembre. Depuis, les nouvelles alarmantes venues des colonies n'ont fait que le confirmer et l'étendre, *et nous sommes certains d'abord qu'il n'y a rien à craindre sur l'affranchissement ; nous avons tout aussi peu d'inquiétude sur la suppression de la traite.*

Les amis des noirs eux-mêmes sont ramenés sur le premier objet. M. de Condorcet l'a publiquement déclaré dans le journal de Paris, et à cet égard nous vous annonçons ici avec plaisir que *l'excellent écrit de M. de Rouvrai, intitulé de l'état des nègres, a porté dans l'opinion publique le coup le plus violent à cette société ; qu'elle a été même abandonnée par plusieurs de ses membres, quand ils se sont vus dénoncés à l'exécration ; enfin que cet écrit a excité la réclamation puissante de plusieurs places de commerce.*

Sur tous les points nous croyons pouvoir vous annoncer qu'il y a toute apparence que l'assemblée nationale est résolue de ne toucher à rien de ce qui intéresse les colonies, qu'elle veut attendre qu'elles aient formé leur constitution dans leur sein, et qu'elle se réserve seulement le droit de la confirmer, et de la présenter à la sanction du roi.

Avant de nous expliquer sur cet objet important, nous vous donnerons quelques détails particuliers.

L'hôtel de Massiac, *qui nous a si violemment combattus*, semble ébranlé par les mouvemens qui se sont passés au Cap ; tous les détails annoncent que la colonie entend conserver la députation , sauf à régler ses pouvoirs ; et l'hôtel de Massiac semble attendre ses décisions avec la même impatience et le même respect que nous.

Ces Messieurs ont paru désirer, et quelques places de commerce ont exprimé le même vœu , qu'on obtînt du pouvoir exécutif des forces pour prévenir les désordres qui pourroient se passer dans les colonies de la part des esclaves.

Nous avons jugé ne pas devoir le prendre sur nous : d'abord on ne peut plus compter sur l'obéissance des troupes, *et une défection générale ou partielle pourroit empoisonner la colonie. d'une foule de gens infiniment plus dangereux que les esclaves ;* ensuite, si les troupes restoient sous l'obéissance , nous avons craint qu'on ne les dirigeât plutôt contre les colons que contre les esclaves ; et, pleins de confiance dans une colonie qui est elle - même armée pour sa propre défense ; nous avons éloigné cette demande jusqu'à la réception de vos ordres.

La prétention des mulâtres est encore indécise , et nous réunirons tous nos efforts pour la faire tomber.

Nous nous référons à ce que nous avons

eu l'honneur de vous écrire à cet égard par notre lettre du

Nous ferons valoir avec force ce que nous apprenons que vous avez fait pour eux, en les admettant aux assemblées primaires de la partie du Cap, et les marques de reconnoissance et d'attachement que cette justice leur a inspirées.

Nous devons vous prévenir, à cet égard, *de veiller sur un sieur Ogé, jeune, que nous vous avons déjà dénoncé, pour une lettre audacieuse écrite par lui à un de nos collégues.* Nous sommes avertis qu'il passe dans la colonie avec six suppôts ; qu'ils ont voulu être seuls passagers dans le bâtiment où ils passent ; que cet homme et ses adjoints *veulent soulever les gens de couleur, et qu'il est important de s'assurer non - seulement d'eux, mais de tous ceux de cette espèce, et de tous les gens suspects qui pourroient arriver.*

On nous a annoncé le même projet d'un mulâtre, Fleury, Créole de Saint-Marc, ci-devant sellier carrossier, rue de Seine à Paris : c'est *un forcené qui parle de braver la corde, et que nous recommandons à votre vigilance.*

M. de la Fayette, membre de la société des amis des noirs, a proposé à un député de la Martinique d'établir des conférences entre quelques membres de la société, les députés, des colons de l'hôtel de Massiac et quelques négocians des ports, pour s'occuper du soulagement du sort des nègres. D'abord une semblable proposition annonce que les amis des noirs tempèrent beaucoup ; ensuite il n'y a sûrement pas de colon qui ne desire l'amélioration de la condition des esclaves : mais nous n'avons pas cru devoir nous prêter à un projet auquel nous ne sommes nullement autorisés, *et qui pourroit ne pas convenir aux colons.* La plus grande circonspection sera notre règle dans les circonstances critiques où nous sommes, jusqu'à ce que nous ayons des intentions bien positives.

Messieurs de la Martinique ont demandé au ministre que M. de Damas fût renvoyé dans cette colonie. Nous avons demandé M. du Chilleau, et nous allons nous occuper de renouveller cette demande, malgré l'opposition présumable du commerce.

Nous ne devons pas omettre que M. le marquis de Gouy d'Arcy, en s'opposant à ce que la demande des subsistances fût renvoyée au pouvoir exécutif, a laissé échapper cette phrase à-peu-près , en parlant de M. de la Luzerne, *un ministre justement exécré, et qui semble avoir juré la perte des colonies.*

M. de la Luzerne a de nombreux partisans dans l'assemblée nationale. Cette phrase y excita un murmure assez général. M. de la Luzerne en fut instruit , se plaignit par une lettre au président , demanda formellement que M. de Gouy fût tenu de prouver ce qu'il avoit articulé. M. le marquis d'Ambly fit une sortie violente qui mettoit M. de Gouy dans l'alternative , ou de passer pour calomnia-teur , ou de soutenir ce qu'il avoit avancé. Ainsi une phrase , échappée dans la chaleur du zèle et non sans motif , est devenue une dénonciation formelle et régulière dont la députation avoit parlé , mais qu'elle n'avoit pas déterminée ni fixée quant à l'époque.

Lorsque ces faits furent présentés au co-mité , nous regrettâmes , vu les circons-tances, qu'ils fussent arrivés. Nous ne crûmes pas devoir abandonner absolument un collè-gue ; mais nous crûmes ne pas devoir partici-per à la dénonciation sans le plus mûr examen.

Nous arrêtâmes que M. de Gouy , lorsqu'il auroit rassemblé ses faits et ses preuves , nous les soumettroit, et que la députation ne souffriroit qu'il présentât la dénonciation en nom collectif, qu'autant qu'elle l'y auroit autorisé après un mûr examen.

Depuis, M. de Gouy a demandé jour à l'assemblée nationale; il a fait imprimer cette demande : il se propose de présenter incessamment ses faits et ses preuves à l'examen, et nous mettrons dans cette affaire délicate la plus grande circonspection.

Ce n'est pas que nous ne sachions bien que la colonie n'a pas lieu d'être contente de M. de la Luzerne, et même les lettres des comités nous chargent de le dénoncer: mais il faut des faits infiniment graves, il faut qu'ils soient bien prouvés.

Enfin il faut considérer quel sera le but utile de cette action d'éclat, et quels peuvent en être les inconvéniens, par rapport aux dispositions de l'assemblée, et *à la défaveur que cela peut jetter sur nous.*

Après vous avoir instruits de ces faits particuliers, nous hasarderons de vous présenter nos idées sur ce que l'assemblée nationale semble attendre de vous.

D'abord nous pensons que l'assemblée coloniale, ou les assemblées provinciales,

*peuvent hardiment appeller les Américains
à leur secours dans tous les ports d'amirauté,
s'il y a lieu.*

Il est à désirer qu'il se forme, au Port-au-
Prince et aux Cayes, des assemblées provinciales comme au Cap. Il paroît constant
qu'une seule assemblée générale auroit de
grands inconvéniens par la distance, la difficulté de se réunir, et le danger d'abandonner ses possessions et ses affaires pour
de longs voyages.

Cependant il y a des choses d'un intérêt
commun, et c'est peut-être le plus grand
nombre; et il faut nécessairement des assemblées générales de temps en temps, et
que les assemblées provinciales se commu-
niquent et se concertent dans les intervalles.

L'objet le plus urgent est d'arrêter et de
nous envoyer un mode de formation de ces
assemblées, et il nous semble que cela devroit être fait dans une assemblée générale.

Les comités ont reçu tous les décrets de
l'assemblée nationale, et notamment ce qui
concerne les municipalités et les élections.
Sans doute le parti le plus convenable et
le plus propre à faire adopter ici les réso-
lutions de la colonie, seroit de prendre dans

ces décrets tout ce qui pourroit lui convenir.

L'assemblée nationale a sagement balancé le degré d'égalité possible entre tous les citoyens, avec le respect dû à la propriété, et l'intérêt présumable qu'elle inspire pour la chose publique.

Les dispositions qui exigent l'âge de majorité, un certain temps de séjour, une contribution directe à l'impôt d'une certaine somme, et plusieurs autres, nous paroissent d'une application très-importante à des établissemens comme les colonies; une considération que nous ne croyons pas qu'on doive oublier, c'est que la culture est le fondement de ces établissemens, que les villes et toutes les classes qui les habitent ne sont que des accessoires.

Pour avoir négligé ces principes fondamentaux à la Martinique, il s'est élevé une division très-dangereuse entre la campagne et la ville de Saint-Pierre; elle embarrassa beaucoup M. de Damas à l'instant de son départ. Elle force la députation à solliciter de l'assemblée nationale un mode provisoire de formation de l'assemblée coloniale, qui pourra avoir des inconvéniens lui-même, et dans la colonie, et dans la décision que les mulâtres sollicitent ici.

Il est toujours malheureux que la force et l'injustice empoisonnent les principes d'un nouvel ordre de choses.

C'est aussi un grand inconvénient que de s'arroger des pouvoirs trop étendus, et d'embrasser une réforme générale dès les premiers pas.

Nous pensons que les assemblées coloniales doivent laisser *le pouvoir véritablement législatif à l'assemblée nationale ;* que dans les colonies, plus qu'ailleurs, il faut que le pouvoir exécutif soit entre les mains des administrateurs, pour avoir le degré d'activité nécessaire, et que des assemblées nombreuses, qui ne sauroient être permanentes, ne peuvent pas avoir.

Les assemblées coloniales doivent s'en tenir au pouvoir de demander, dans les loix et l'administration, les réformes, les suppressions et les innovations qui leur paroîtront convenables. Que les projets soient présentés à la sanction des administrateurs; et que s'ils la refusent, l'assemblée nationale en soit le juge.

Que dans les cas urgens elles puissent pourvoir aux besoins , concurremment avec les administrateurs ; qu'elles ne reçoivent même de l'assemblée nationale, que ce qu'elles auront sollicité elles-mêmes.

Enfin que le pouvoir exécutif soit toujours subordonné aux assemblées coloniales, qui pourront l'arrêter dans ses abus, et demander la punition et la destitution de ses agens qui auront abusé de leur pouvoir.

Nous vous engageons aussi à prendre en considération la convenance pour la colonie des décrets sur l'ordre judiciaire.

Quant aux réformes, il en est d'urgentes, dont la nécessité est reconnue, et qu'on ne sauroit trop se hâter de demander : par exemple , le retour du conseil du Cap, et l'établissement d'un aux Cayes ; la suppression de la procédure bizarre nouvellement introduite ; le droit d'inspecter l'emploi des impôts , ajouté à celui de les répartir ; enfin l'inspection et administration absolue de la caisse municipale.

Pour le reste, c'est aux temps et aux circonstances à amener l'examen et la réflexion. Les assemblées seront établies pour toujours. Les abus se présenteront et seront discutés successivement , et on les corrigera avec le temps.

Nous devons considérer que *nous sommes entièrement neufs à la législation et à l'administration, et qu'il faut laisser mûrir nos idées avant d'embrasser beaucoup d'objets.*

Les milices sont un des articles les plus essentiels à la constitution des colonies : peut-être sont-elles mal organisées ; peut-être sont-elles devenues , par l'adresse du gouvernement et par la foiblesse orgueilleuse de la prééminence des postes , et des décorations , un des principaux instrumens de l'asservissement des colons , et des vexations de l'autorité : mais, en les organisant autrement , ne peut-on pas en éviter les inconvéniens ? et si le paisible citoyen de la France a cru nécessaire de s'armer pour sa propre défense , la colonie , entourée *de quatre cents mille ennemis domestiques,* pourroit-elle déposer ses armes et renoncer à sa force , au moment où ces ennemis deviennent plus à craindre que jamais *par les insinuations séditieuses qu'ils reçoivent de toutes parts ?*

Les gens de couleur pourroient-ils suppléer aux milices ? *Nous comptons sur cette classe; nous avons , d'après les circonstances , for-*

tement plaidé leur cause; et nous supplions la colonie de prendre en considération , à cet égard, notre lettre du 8 décembre dernier. *Mais nous ne croyons pas prudent de confier toute la force , de mettre toutes les armes de la colonie, entre les mains d'une seule classe.* Toutes doivent faire corps , et tout corps doit veiller à sa propre sûreté.

Nous espérons, Messieurs, que la colonie recevra nos observations avec indulgence , et qu'elle nous rendra justice sur l'esprit qui les a dictées; nous sommes ses députés, et nous sommes colons. Si nous étions sur les lieux , nous aurions partagé ses délibérations, et nous aurions fait entendre nos opinions dans ses assemblées : nous avons cru lui devoir le même tribut, et nous les lui soumettons comme colons ; comme députés, nous la supplions de croire que nous recevrons ses décisions avec respect, et que nous les ferons valoir avec zèle.

Nous avons l'honneur d'être avec les sentimens de la plus intime fraternité,

MESSIEURS ET CHERS COMPATRIOTES,

Vos très-humbles et très-obéissans serviteurs,

Les Membres de la députation de Saint-Domingue.

N°. I X.

Dans un mémoire remis au comité des colonies de l'assemblée nationale , il a été dit
que les gens de couleur jouissoient déjà dans
la colonie du droit de citoyen actif , puisqu'ils y avoient déjà été admis aux assemblées
primaires.

Sur les représentations d'un de MM. , que
ce fait étoit faux , il lui a été répondu *qu'il
étoit nécessaire de tromper à ce sujet le comité , pour qu'il ne fasse pas mention des
gens de couleur ; et plusieurs de MM. n'ont
pas voulu le signer.*

N. X.

*Extrait du mémoire présenté au comité
des colonies.*

Nous devons dire ici que nos commettans ,
qui d'abord nous avoient chargés expressé-
ment de proposer une constitution coloniale
à l'assemblée nationale , *nous ont expressé-*

ment défendu d'en accepter aucune, depuis qu'ils ont vu la déclaration des droits.

Ce n'est pas que la colonie veuille repousser la liberté et l'égalité de tous les citoyens ; elle existe déjà à Saint-Domingue : mais elle voit la déclaration des droits sous le rapport des esclaves seuls.

Nous devons vous prévenir aussi que les noirs libres et les gens de couleur citoyens actifs ont déjà été admis aux assemblées qui ont nommé les députés à l'assemblée provinciale du nord.

Pour être citoyen actif, il faudra être âgé de 25 ans, avoir un an de domicile dans la paroisse, et payer la capitation équivalente à trois journées de travail dans la colonie.

N°. X I.

Extrait d'une lettre écrite aux trois comités.

Le 6 février.

Nous vous avons déjà, dans nos précédentes lettres, annoncé qu'il étoit question d'un d'un sieur Ogé, jeune mulâtre, et un de ceux qui sont à la tête de la réclamation pour leur admission à l'assemblée nationale, comme devant passer dans la colonie pour y soulever les gens de couleur. Nous vous avons engagés à prendre des précautions. — Aujourd'hui nous sommes informés qu'un homme a proposé à quelqu'un de passer à Saint-Domingue ; qu'ils étoient déjà quarante engagés par le sieur Ogé jeune, qui partoient le 1er mars par le Havre, dans un batiment commandé par un capitaine Hebert, et qu'ils alloient pour faire la guerre aux blancs.

Nous savons, par des lettres du Havre, que cet Ogé et ses desseins y sont connus, et que le commerce a intention de le faire arrêter. — Nous employons l'homme à qui un des conjurés s'est ouvert, pour avoir tous les renseignemens possibles, et vous les transmettre à mesure, ainsi que les démarches que nous croirons convenables ici. — Nous vous engageons à redoubler de précautions.

Nous vous envoyons copie d'une lettre anonyme, reçue par M. de Cocherel, et relative à cet Ogé jeune. Il ne vous échappera pas, messieurs, que cette lettre est anonyme ; en conséquence, vous ne devez la regarder

D

que comme un avis de pure surérogation ; qu'elle doit être tenue secrette, parce que cet avis divulgué pourroit faire naître l'idée d'exécuter les attentats dont elle renferme la menace. — L'assemblée nationale élude la demande des mulâtres, comme tout ce qui regarde les colonies. Mais ces gens-là se sont présentés à la commune de Paris, pour réclamer son appui auprès de l'assemblée nationale, et y ont fait un discours très-séditieux (1), dans lequel ils ont osé menacer

---

(1.) Cette assertion est un pur mensonge dans tous ses points. Les citoyens de couleur ont été présentés à l'assemblée générale des représentans de la commune de Paris par M. de Joly, leur avocat. Ils ont été accueillis avec des applaudissemens. Leur défenseur a fait un excellent discours, pour engager la commune de Paris à soutenir leurs demandes près de l'assemblée nationale. Son discours étoit loin d'être séditieux ; il ne respiroit que l'humanité et la liberté, et l'assemblée lui a donné des applaudissemens réitérés. Plusieurs membres de cette assemblée ont soutenu avec énergie la motion de M. de Joly ; mais aucun n'a parlé d'une armée de 6o mille hommes. Les colons ou leurs partisans, *honteux de leur cause*, se sont retranchés dans les circonstances du moment ; ils ont affecté des craintes sur la fermentation qui existoit dans le peuple, *et qu'ils avoient eux-mêmes excitée ;* ils ont eu l'art de faire passer ces terreurs dans l'esprit de plusieurs membres, et

de 60 mille hommes et de prendre les armes.
Ce discours a indigné l'assemblée, qui les a
renvoyés, en disant qu'elle en délibéreroit.
—Nous vous prévenons que M. de la Luzerne, malgré notre réclamation, fait partir
280 recrues, qu'on dit fort mal choisies.
C'est à vous d'aviser au parti qui vous paroî-
tra le plus convenable.

Délibéré sur cet objet qu'il en seroit incessamment rendu compte à la colonie, afin
qu'il fût pris des mesures pour s'assurer de
ces gens-là à leur arrivée ; que cela paroîs-
soit plus sûr que de chercher à empêcher
leur embarquement, parce qu'alors ils pour-
soient se diviser et passer par différens ports,
peut-être sous des noms supposés, ou en
qualité de matelots ; qu'au surplus il y sera

-----

ils ont cherché à écarter la motion par la question préalable.
Indigné de la seule proposition de cette insultante question,
qui étoit plus qu'indécente dans une cause d'humanité et de
fraternité, M. de Joly a déclaré avec fierté qu'il retiroit sa
motion. Les citoyens de couleur *qui avoient été admis dans les
bancs des députés*, se sont retirés ; et les applaudissemens qui
les ont suivis, leur ont prouvé combien l'assemblée prend
d'intérêt à leur cause. *Note de l'Éditeur.*

plus amplement délibéré aux premiers avis qu'on se sera procurés sur cet objet important.

⸺⸺⸺

N° X I I.

Lettre à M. . . . .

MONSIEUR,

Vous nous demandez, par la lettre que vous nous avez fait l'honneur de nous écrire le premier de ce mois, sil vous seroit possible de faire repasser un nègre dans les colonies.

Malgré le décret rendu que vous nous citez, qui doit ramener le calme dans les colonies, nous vous disons que nous n'avons rien changé encore au régime qui a été adopté, de ne laisser passer aucunes personnes de couleur, d'après la réclamation qui nous en a été faite par MM. les députés de Saint-Domingue, résidans à Paris, qui nous ont invités de continuer à y tenir la main.

La chambre du commerce du Cap nous a également fait part que l'assemblée provinciale a arrêté qu'aucunes personnes de couleur ne seroient reçues dans la colonie, et que s'il en arrivoit, elles seroient mises dans un dépôt, pour être renvoyées par le premier navire pour France.

Ainsi, monsieur, votre demande dépend absolument de MM. les députés de Saint-Domingue, que vous pouvez voir à cet effet.

Nous avons l'honneur d'être, etc.

Les représentans du commerce
du Havre.

Signé, Louis PAPILLON, DE BOULOGNUE, BELOT.

Au Havre, le 9 avril 1790.

————

N B. La lettre ci-dessus est tombée dans les mains de l'Éditeur, qui a cru devoir la joindre ici, pour prouver que les colons et les armateurs se font un jeu des décrets de l'assemblée nationale, et usurpent son autorité, en se permettant d'empêcher l'embarquement de *citoyens libres*, qui, aux termes de la déclaration des droits, peuvent aller, venir où bon leur semble. — C'est un véritable crime de lèse-nation. *Note de l'Éditeur.*